ANDREA SCHWARZ

Hier. Bei dir

Menschenwege ins Leben

Mit Bildern von
Panka Chirer-Geyer

kbw bibelwerk

Inhalt

Für mein squirrel

Lieber Leser, liebe Leserin,

»Mensch, wo bist du?« – das ist die uralte Frage,
die Gott an den Menschen stellt, mal sehr direkt
und fordernd, dann wieder ganz leise und fast
überhörbar.
Gott sucht den Menschen. Er sucht ihn nicht,
weil er ihn nicht zu finden wüsste, sondern um
uns die Möglichkeit der Antwort zu geben. Ich
bin eingeladen, ja sogar aufgefordert, Position zu
beziehen, zu sagen, wo ich bin – und wer ich bin.
Wer diese Frage hört, der macht sich auf die Suche nach einer Antwort.
Und im Suchen findet er sich.
Und Gott.
Und wenn die Antwort auf diese Frage eines Tages
lauten kann: Hier. Bei dir – dann bin ich ange-
kommen. Von diesem Weg erzählen die Texte
der Bibel – und die Texte dieses Buches.
Auf diesen Weg möchte ich Sie gern mitnehmen.
Kommen Sie mit?

Mensch,
wo bist
du?

Im Anfang schuf Gott Himmel
und Erde; die Erde aber war wüst
und wirr, Finsternis lag über
der Urflut und Gottes Geist schwebte über
dem Wasser. Gott sprach:
Es werde Licht. Und es wurde Licht.

Genesis 1,1–3

Mensch, wo bist du?
Und wer bist du?
Wo kommst du her
und wo gehst du hin?
Wer gab dir den Atem
und wer hat dich gerufen?
Wer schenkte dir das Land
und wer segnete dich?

Aus dem Dunkel kommst du
Mensch
und ins Dunkel gehst du
aus dem Chaos kommst du
und wirst wieder ins Chaos gehen

Geburt und Tod
und du irgendwo
dazwischen

Irrsal und Wirrsal
Tod Tanz und Traum
Suchen und Fragen
denn Staub bist du
zum Staub musst du zurück

Ich bin der Herr
dein Gott
ich habe dich
ins Leben gerufen
du bist mein

Nicht ihr habt mich erwählt
sondern ich habe euch erwählt

ich bin die Liebe
die Kraft
der Weg
ich bin das Licht
das dein Dunkel
hell macht

Aus-
gespannt
zwischen
Himmel
und Erde

Ausgespannt
zwischen Himmel und Erde
Gott und Mensch
dir und mir

zwischen Chaos und Ordnung
Dunkel und Licht
Anfang und Ende
Vergangenheit und Zukunft

zwischen Verzweiflung und Hoffnung
Trauer und Sehnsucht
Grenze und Kraft

ausgespannt
in Raum und Zeit
Kopf Herz und Hand
im Kreuz vereint

Gott schuf also
den Menschen
als sein Abbild;
als Abbild Gottes
schuf er ihn.

Als Mann und Frau schuf er sie. Gott
segnete sie und Gott sprach zu ihnen:
Seid fruchtbar und vermehrt euch,
bevölkert die Erde, unterwerft sie euch und
herrscht über die Fische des Meeres, über
die Vögel des Himmels und über alle Tiere,
die sich auf dem Land regen.

Dann sprach Gott: Hiermit übergebe ich
euch alle Pflanzen auf der ganzen Erde, die
Samen tragen, und alle Bäume mit samen-
haltigen Früchten. Euch sollen sie zur Nahrung dienen.

Allen Tieren des Feldes, allen Vögeln des
Himmels und allem, was sich auf der Erde
regt, was Lebensatem in sich hat, gebe ich
alle grünen Pflanzen zur Nahrung. So ge-
schah es.

Gott sah alles an, was er gemacht hatte: Es
war sehr gut.

Genesis 1,27–31a

wo es sich kreuzt

wird Leben
geheiligt

heilige Zeit
ausgespannt
im Innersten berührt
Zusage
Gewissheit
als sein Abbild schuf er sie
himmlisches Jerusalem
wisst ihr nicht
dass ihr ein Tempel Gottes seid
auf Gott hin ausgerichtet
der Welt verbunden

Nach außen und innen

Da formte Gott, der Herr, den Menschen aus Erde vom Ackerboden und blies in seine Nase den Lebensatem. So wurde der Mensch zu einem lebendigen Wesen.

Dann legte Gott, der Herr, in Eden, im Osten, einen Garten an und setzte dorthin den Menschen, den er geformt hatte. Gott, der Herr, ließ aus dem Ackerboden allerlei Bäume wachsen, verlockend anzusehen und mit köstlichen Früchten, in der Mitte des Gartens aber den Baum des Lebens und den Baum der Erkenntnis von Gut und Böse.

Ein Strom entspringt in Eden, der den Garten bewässert; dort teilt er sich und wird zu vier Hauptflüssen.

Der eine heißt Pischon; er ist es, der das
ganze Land Hawila umfließt, wo es Gold gibt ...
Der zweite Strom heißt Gihon; er ist es,
der das ganze Land Kusch umfließt.
Der dritte Strom heißt Tigris; er ist es,
der östlich an Assur vorbeifließt.
Der vierte Strom ist der Eufrat.
Gott, der Herr, nahm also den Menschen
und setzte ihn in den Garten von Eden,
damit er ihn bebaue und hüte.

Genesis 2,7–15

Nord
Süd
West
Ost
jedes ist
in mir
ich bin in alle
vier Richtungen
gezogen
lasse mich in alle
Richtungen ziehen
um meine Mitte
zu finden

Der Norden in mir

das Dunkle
der Tod
die Angst
die Nacht
Abschied
Trauer
Hoffnungslosigkeit
Verzweiflung
Schuld

das
was war
und ist
und was sein darf
weil es zu meinem Leben
dazu gehört
weil es notwendig ist
weil es die Not wendet
wenn ich es anschaue und wahrnehme
weil es die Vergangenheit ist
auf der ich aufbaue
auf der ich nur aufbauen kann

klare und kühle Farben
manchmal fast farblos
und doch eine Seite
die leben will
die ihren Raum braucht
die ein Recht hat
zu sein

Der Süden in mir

die Leichtigkeit
die Farbenpracht
das Verspielte
Lustvolle
Bunte
Zusage
Verheißung
Zukunft
Traum und Zuversicht

die Seite in mir
die Leben zeugt und schafft
die Lebendigkeit will
wer keinen Mut zum Träumen hat
hat keine Kraft zum Kämpfen
hab ich noch Hoffnung
darf meine Hoffnung noch leben

Der Westen in mir

Ort der untergehenden Sonne
Ort des Übergangs
des Gerichts
meine Grenze
meine Endlichkeit
mein Gewissen
mein Mich-Stellen

schließlich
der Osten in mir

Ort des aufgehenden Lichts
Ort der Zusage
der Verheißung
der Wärme
der Zärtlichkeit
der Liebe
an dir
darf ich
zum Ich werden

Nord
Süd
West
Ost

mein Leben

es kann mich
auseinanderreißen
aber ich kann mich auch
in die Spannung hineinbegeben
und in der Spannung
meine Mitte finden

ausgespannt
mich nicht verlieren
weil ich
in der Mitte bin

Ein Ton,
ein Klang,
ein Ruf

Alle Menschen hatten die gleiche Sprache und gebrauchten die gleichen Worte. Als sie von Osten aufbrachen, fanden sie eine Ebene im Land Schinar und siedelten sich dort an. Sie sagten zueinander: Auf, formen wir Lehmziegel und brennen wir sie zu Backsteinen. So dienten ihnen gebrannte Ziegel als Steine und Erdpech als Mörtel. Dann sagten sie: Auf, bauen wir uns eine Stadt und einen Turm mit einer Spitze bis zum Himmel und machen wir uns damit einen Namen, dann werden wir uns nicht über die ganze Erde zerstreuen.

Da stieg der Herr herab, um sich Stadt und Turm anzusehen, die die Menschenkinder bauten.

Er sprach: Seht nur, ein Volk sind sie und eine Sprache haben sie alle. Und das ist erst der Anfang ihres Tuns. Jetzt wird ihnen nichts mehr unerreichbar sein, was sie sich auch vornehmen. Auf, steigen wir hinab und verwirren wir dort ihre Sprache, sodass keiner mehr die Sprache des anderen versteht. Der Herr zerstreute sie von dort aus über die ganze Erde und sie hörten auf, an der Stadt zu bauen. Darum nannte man die Stadt Babel (Wirrsal), denn dort hat der Herr die Sprache aller Welt verwirrt, und von dort aus hat er die Menschen über die ganze Erde zerstreut.

Genesis 11,1–9

Die uralte Versuchung
des Menschen:
sein wollen wie Gott

einen Namen haben
sich selbst
den Himmel eröffnen
die eigenen Bedürfnisse durchsetzen
koste es
was und
wen es wolle
sich selbst zum Gott machen
Backstein um Backstein
verbunden mit Erdpech
Mauern aufbauen
sich selbst einmauern
den anderen einmauern
sich die Hände dreckig machen
sich von Gott lossagen
jeder gegen jeden
der Stärkste gewinnt
die anderen haben
eben Pech gehabt
wir machen das schon

Höre, Israel! Ich-bin-da, unser Gott, Ich-bin-da ist einzig. Darum sollst du den Herrn, deinen Gott, lieben mit ganzem Herzen, mit ganzer Seele und mit ganzer Kraft. Diese Worte, auf die ich dich heute verpflichte, sollen auf deinem Herzen geschrieben stehen. Du sollst sie deinen Söhnen wiederholen. Du sollst von ihnen reden, wenn du zu Hause sitzt und wenn du auf der Straße gehst, wenn du dich schlafen legst und wenn du aufstehst. Du sollst sie als Zeichen um das Handgelenk binden. Sie sollen zum Schmuck auf deiner Stirn werden. Du sollst sie auf die Türpfosten deines Hauses und in deine Stadttore schreiben.

Und wenn der Herr, dein Gott, dich in das
Land führt, von dem du weißt: er hat deinen
Vätern Abraham, Isaak und Jakob geschwo-
ren, es dir zu geben – große und schöne
Städte, die du nicht gebaut hast, mit Gütern
gefüllte Häuser, die du nicht gefüllt hast, in
den Felsen gehauene Zisternen, die du nicht
gehauen hast, Weinberge und Ölbäume, die
du nicht gepflanzt hast –, wenn du dann isst
und satt wirst: nimm dich in Acht, dass du
nicht den Herrn vergisst, der dich aus Ägypten, dem Sklavenhaus, geführt hat.

Deuteronomium 6,4–12

Aus dem Tod
ins Leben gerufen
herausgerufen
aus meinem Ägypten
herausgerufen
aus Selbstsucht
Neid
Gier
besitzen wollen
machen wollen
sein wollen

befreit aus
meinem Gefängnis
das ich mir selbst gebaut habe
das mir andere gebaut haben

Kommt zu ihm, dem lebendigen Stein, der von den Menschen verworfen, aber von Gott auserwählt und geehrt worden ist. Lasst euch als lebendige Steine zu einem geistigen Haus aufbauen, zu einer heiligen Priesterschaft, um durch Jesus Christus geistige Opfer darzubringen, die Gott gefallen.

Ihr aber seid ein auserwähltes Geschlecht, eine königliche Priesterschaft, ein heiliger Stamm, ein Volk, das sein besonderes Eigentum wurde, damit ihr die großen Taten dessen verkündet, der euch aus der Finsternis in sein wunderbares Licht gerufen hat.

1 Petrus 2,4–5.9

Getrieben von Sehnsucht
den Schritt gewagt
die Pforte durchschritten
vom außen zum innen
mich einlassen
mich nähern
voll Angst
und doch
Hoffnung

In mein Dunkel
ein Licht

in meine Ungeborgenheit
Schutz
in mein Ahnen
Zusage
und es ist
ein bisschen weniger
kalt

Fürchte dich nicht, denn ich bin mit dir.
Vom Osten bringe ich deine Kinder herbei,
vom Westen her sammle ich euch.

Ich sage zum Norden: Gib her!, und zum
Süden: Halt nicht zurück! Führe meine Söh-
ne heim aus der Ferne, meine Töchter vom
Ende der Erde! Denn jeden, der nach mei-
nem Namen benannt ist, habe ich zu meiner
Ehre erschaffen, geformt und gemacht.

Jesaja 43,5–7

War da ein Klang
war da ein Wort
ich lausche
ich schaue
ich gehe näher
war da was
ist da was

Rief da jemand
will da einer
was von mir
meint da einer mich
könnte es sein
dass da einer
was von mir will
aber was könnte
schon einer
von mir wollen

da ist plötzlich
ein Klang
ein Wort
ein Bild
zögernd
gehe ich näher
irgendwas zieht mich
irgendwas hält mich zurück
aber die Sehnsucht ist stärker

Hast du
grad
meinen Namen gesagt
meinst du
wirklich mich
hast du mich gerufen
wer bin ich denn
dass du mich willst
und hast du dich
auch nicht
vertan
aber du scheinst es
ernst zu meinen

du willst mich

Du bist der Herr
mein Gott
dich erkenne ich an
dich lobe ich
dir geb ich mich

Du bist
der Weg
die Wahrheit
und das Leben
ich vertraue dir
ich geb mich dir
zeige mir deinen Weg
ich will ihn gehen in Treue zu dir

Hier
bin ich

Sende dein Licht und deine Wahrheit,
damit sie mich leiten;
sie sollen mich führen
zu deinem heiligen Berg
und zu deiner Wohnung.
So will ich zum Altar Gottes treten,
zum Gott meiner Freude.
Jauchzend will ich dich
auf der Harfe loben,
Gott, mein Gott.

Psalm 43,3–4

Hier bin ich
Gott
du sprachst dein Wort
hier bin ich
du hast mich gerufen
hier bin ich
du hast mich bei meinem Namen genannt
hier bin ich

Schritt für Schritt
auf dich zu gegangen
Vertrautes losgelassen
deiner Zusage vertraut
mich hingegeben
mich begeistern
entflammen lassen

hier bin ich
Herr

ich stehe
vor dir
und ich gebe mich
dir

ich lasse
und gebe mich
ich suche
und finde mich
ich sage Ja
und
bin
Hingabe
ich werde
Brot und Wein
für dich
für die Menschen

ich geb mich dir
wandle du mich

Bei dir geborgen

Was ist der Mensch,
dass du an ihn denkst,
des Menschen Kind,
dass du dich seiner annimmst?
Du hast ihn nur wenig
geringer gemacht als Gott,
hast ihn mit Herrlichkeit
und Ehre gekrönt.

Psalm 8,2.4–6

Des Menschen Tage sind wie Gras,
er blüht wie die Blume des Feldes.
Fährt der Wind darüber, ist sie dahin;
der Ort, wo sie stand,
weiß von ihr nichts mehr.

Psalm 103,15–16

Das letzte Geschenk derer
die von uns gehen
die sterben
ist die Erinnerung
an das Leben

Es ist der Tod
der uns menschlich macht
nur Gott
ist unsterblich

Geschenk derer
die gehen
die Erinnerung
an die Kostbarkeit
des Lebens
Gräber mitten
im Haus des Lebens
um uns zu erinnern
um uns innehalten zu lassen

Erst der Tod
macht uns
unsere Endlichkeit bewusst
macht das Leben kostbar

unveränderliches Kennzeichen
des Menschen
sterblich

Grenze
Ende
Tod

Übergang

vom Leben zum Tod
vom Tod zum Leben

Doch ich, ich weiß: mein Erlöser lebt,
als Letzter erhebt er sich über dem Staub.
Ohne meine Haut, die so zerfetzte,
und ohne mein Fleisch werde ich
Gott schauen.
Ihn selber werde ich dann für mich schauen;
meine Augen werden ihn sehen,
nicht mehr fremd.
Danach sehnt sich mein Herz
in meiner Brust.

Ijob 19,25–27

Verheißung
ist zugesagt
Leben hier
und jetzt
Lebendigkeit
sich hineingeben
in die Endlichkeit
leben
gegen den Tod
in der Dunkelheit ein Licht
anzünden

Auferstehung
hier und jetzt

sich selbst hineingeben
sich selbst lassen
zulassen
loslassen
sich überlassen

Bei dir
bin ich geborgen

im Tod
ist Leben

Lieber Leser, liebe Leserin!

Ursprünglich waren die Texte dieses Buches für einen ganz anderen »Zweck« geschrieben worden. 1999 fand in Paderborn anlässlich des 1200-jährigen Bistumsjubiläums die Performance »Wandel durch Licht und Zeit« statt. Dabei wurde der Paderborner Dom in einem »Gesamtkunstwerk« von Musik, Wort und Licht sinnlich in neuen Dimensionen erfahrbar gemacht. Mit dieser Performance sind untrennbar die Namen Georg Austen, Martin Reinert und Christoph Stiegemann verbunden, die seitens des Erzbistums diese Idee entwickelt hatten und mit großem Erfolg umsetzten. Einige dieser Texte wurden noch im gleichen Jahr in dem gleichnamigen Buch zu dieser Performance im Bonifatius-Verlag veröffentlicht.

Als Dr. Ulrich Sander und ich uns diese Texte mit Blick auf eine Neuveröffentlichung noch einmal anschauten, fiel uns auf, dass sie, wenn auch für die Erschließung eines Kirchenraumes geschrieben, ebenso für den je eigenen Weg des Menschen zu Gott passen. Deshalb haben wir uns

entschieden, die ausdruckstarken Farbmalereien der Künstlerin Panka Chirer-Geyer zu den Texten zu stellen, die menschliche Grundstimmungen ins Bild und »in Farbe« setzen.
Und doch eröffnet der Blick auf die Menschenwege noch einmal eine ganz neue Dimension auch für den Kirchenraum: Ein Kirchenraum bildet eigentlich den je eigenen Weg des Menschen zu Gott ab! Man hört die Frage, macht sich auf den Weg, geht von einem »außen« in ein »innen«, ist ausgespannt zwischen Himmel und Erde – und steht vor Gott. Und denkt, spürt, fühlt, sagt: Hier. Bei dir.
Das reicht.
Mehr braucht es nicht.

PANKA CHIRER-GEYER

Foto © Stefan Weigand

ist gebürtige Niederländerin und lebt heute am Rand des Schwarzwalds. In ihrem künstlerischen Schaffen geht sie den Themen Heimat und der Verbundenheit mit sich und anderen nach. *»Ich möchte den Menschen entführen, in eine Welt jenseits des Alltags, in eine Realität, die nicht gleich wahrgenommen wird. Ich lasse mich gerne von Orten inspirieren. Orte erzählen ihre Geschichte, wenn man sich dafür öffnet, sich Zeit nimmt, hinzuhören, zu lauschen«,* so ihr Credo.

Panka Chirer-Geyer ist freischaffende bildende Künstlerin und hat einen Master of Fine Arts an der Alanus Hochschule für Kunst und Gesellschaft in Alfter bei Bonn erworben. Sie ist Dozentin an der Kunstschule Hohenstein, Rottweil. In Form von Performances und Einzelausstellungen sind ihre Werke in Deutschland und den Niederlanden zu sehen.
www.panka.info

ANDREA SCHWARZ

Foto © Ulrike Diekmann

gehört als Schriftstellerin zu den meist-
gelesenen christlichen Autoren unserer
Zeit. Die ausgebildete Industriekauffrau
und Sozialpädagogin begegnet heute
vielen Menschen als Referentin und
Bibliolog-Trainerin. Sie war etliche Jahre
in der Gemeindearbeit in Viernheim bei
Mannheim tätig sowie ehrenamtlich bei
Projekten der Mariannhiller Schwestern
in Südafrika. Seit 2012 zurück aus Südafrika, lebt Andrea Schwarz heute in Steinbild im Ems-
land und arbeitet als pastorale Mitarbeiterin im Bistum
Osnabrück. Für Vorträge und Workshops wird sie im ganzen deutschsprachigen Raum angefragt: in Deutschland,
Österreich, der Schweiz, in Luxemburg und Liechtenstein.

Zuletzt erschien von ihr: *Die Bibel entdecken in 25
Schritten. Eine Schatzsuche für Neugierige.* Neu
bearbeitet in Zusammenarbeit mit dem Bibelwerk Linz
durch Franz Kogler und Ingrid Penner, Freiburg im
Breisgau (Verlag Herder) 2014; *Reise in die Sehnsucht.
Sein.Leben.Gehen.* Mit Bildern von Eberhard Münch
und Texten von Sr. Ulrike Diekmann cps, Asslar
(Adeo Verlag) 2013.

Gemälde von Panka Chirer-Geyer
Einband, Vor- und Nachsatz: Verwandlung orange (2008)
Seite 6–7:   BeSinnlich I (2006)
Seite 16–17:   Grünes Kreuz (2006)
Seite 24–25:   Movements I (2008)
Seite 38–39:   Midnight Blues (2008)
Seite 60–61:   Ich schau zu, wie der Tag sich neigt I (2008)
Seite 68–69:   Verwandlung rot (2008)
Seite 76–77:   Movements II (2008)

Gesamtgestaltung: wunderlichundweigand
Umschlagmotiv und alle Abbildungen im Innenteil
© Panka Chirer-Geyer
Fotografische Reproduktion der Abbildungen: Stefan Weigand

Herstellung: Finidr s.r.o., Český Těšín
Printed in the Czech Republic

www.bibelwerk-impuls.de
ISBN 978-3-460-27179-1